ALFAGUARA

Grup Promotor

PRÒXIMA PARADA **Grup Promotor**

ALFAGUARA

Grup Promotor

Frederic Mompou, 11 (Vila Olímpica)
08005 Barcelona
Telèfon 93 230 36 00

ISBN: 84-84-35-997-2
Dipòsit legal: M-5.049-2003
Printed in Spain

Primera edició: març 2003

Disseny de la col·lecció: Manuel Estrada

Coordinació editorial: Margarida Planes Ferrer

Assessorament literari: Pere Martí i Bertran

Els pingüins del 44

Dolors Garcia i Cornellà
Il·lustracions de Cristina Losantos

ALFAGUARA
Grup Promotor

Als pingüins, les balenes i les foques
Als boscos i al mar
A l'aire net
A la pau

Episodi 1
La Costa de Los Mosquitos

Sempre més recordaré aquell vespre del mes d'abril passat, en què el pare ens va fer mirar per força les notícies de la televisió.

De fet, a mi les notícies i els reportatges ja m'agraden, sobretot si són de cinema. Però el que no suporto és veure-hi la guerra. Encara que, quan és de mentida, sí. Vull dir que si surt una guerra en una pel·lícula me la miro i no passa res, perquè penso: «Ara, quan el realitzador se'n vagi a dinar, tots aquests morts s'aixecaran de terra, es rentaran el suc de tomàquet de la cara i es menjaran un entrepà tan tranquils.» I jo, quan penso que aquells morts no són morts de veritat, també em quedo molt tranquil.

Però, quan veig imatges d'una guerra de debò, a la nit no dormo. Penso en tots aquells morts, en la sang, en els tancs, en les bombes, en les cares de la gent que pateix... i sé que, darrere, no hi ha cap realitzador que els digui: «Au, nois, tots a dinar!» Perquè ja no dinaran mai més.

Quan em vaig adonar que la guerra, la guerra de veritat, no em deixava agafar el son, vaig decidir que no en miraria mai més cap. La mare hi va estar d'acord. La mare, de fet, sempre està d'acord amb mi. Però el pare em va dir:

—Orient, fill meu, així no anirem enlloc.

—Deixa'l estar, home, que és petit —va intercedir la mare.

Confesso que tot plegat em va fer una mica de ràbia. Perquè, petit petit, ja no ho sóc pas. Tinc onze anys. I que la mare encara m'hagi de defensar d'aquesta manera no em fa sentir gaire orgullós, les coses com siguin. A més, la meva germana, en sentir allò que jo era petit, es va fer un fart de riure. I això encara em va saber més greu. Perquè tampoc no és que sigui gaire gran, l'Àfrica. Tot just té tretze anys. Però, com que ja va a l'institut, qui sap què es pensa.

—No es pot girar l'esquena al món —insistia el pare—. Els joves d'aquí, els nostres joves, han de saber que gairebé són uns privilegiats. Que n'hi ha molts que no tenen res, ni un llibre, ni un plat de sopa, ni unes miques de ganes de riure. Res.

Aquell vespre d'abril, doncs, el pare ens va fer mirar la televisió tant sí com no. I, des d'aquell dia, res ja no va ser el mateix. Començava l'aventura més estranya i més al·lucinant que he viscut mai fins ara.

Guerra, com aquell qui diu, amb les bombes, els morts i la sang, no se n'hi veia pas, en aquell reportatge. Tot eren corrues de gent que fugien de casa seva com podien. Alguns, amb cotxe o amb tractor. D'altres, a peu. Hi havia una dona molt gran que anava asseguda en una cadira, una cadira com les que hi ha a la cuina de casa, i que era transportada per quatre nois joves. Hi havia nens molt petits i d'altres com jo o com l'Àfrica. Homes, grans com el pare, que ploraven. Dones de l'edat de la mare que es veia que feia dies que no es pentinaven ni es pintaven els ulls. Tenien les mans brutes i arrugades.

Duien molts paquets i moltes maletes i anaven molt abrigats.

—No van pas abrigats perquè faci fred —em va explicar el pare—. És que tot el que tenen ho porten a sobre.

Amb l'ajuda d'un traductor, explicaven que els havien cremat la casa. I molts afegien que els havien matat algú. Els morts, però, no es veien. Es van veure uns quants dies més tard, llavors sí.

Tota aquella gentada havia estat expulsada violentament del seu poble i del seu país, i ara travessava camps i muntanyes, sense saber ben bé on anava. Molts caminaven seguint la via d'un tren. Aquesta imatge em va quedar gravada durant molts dies. En una filera perfecta, seguien la persona que els anava al davant. Els nens tampoc no es desviaven. I em va sorprendre molt, perquè jo, sempre que he pogut seguir a peu la via d'un tren, que no han estat pas gai-

res vegades, no m'he sabut estar de fer-hi el ximplet, saltant els rails, fent veure que feia equilibris, avançant i reculant, el que fos. Però aquells nens i nenes no hi jugaven pas, a la via. Només caminaven, mirant a terra, carregats de paquets. I no reien.

Quan feia dies i dies que caminaven, arribaven a uns camps molt grans. En alguns, hi havia tendes de campanya. En d'altres, no hi havia res. Només piles de deixalles, alguna cadira trencada i algun cotxet de criatura sense rodes.

—No tenen lavabos, ni dutxes, ni telèfons? —vaig preguntar al pare.

—No tenen res.

Seien a terra, o s'estaven ajaguts. Molt de tant de tant, sí que vaig poder veure algun nen jugant, però pocs, només quatre o cinc.

—I què mengen?

—De moment, res. Però aviat els arribaran ajudes d'altres països —em va aclarir el pare.

I em vaig quedar una mica més tranquil.

Vaig veure una nena rossa, molt semblant a la Violeta, que tenia un trau al front. La Violeta és la meva millor amiga i alguna cosa més. La família d'aquella nena havia tingut sort i, al camp on havia arribat, hi havia tendes i metges.

Es veia una infermera que curava el trau de la nena, que plorava i sanglotava. Els seus ulls miraven la càmera amb una tristesa de por. Després va sortir el seu pare explicant coses. Duia la nena agafada per la mà i ja no plorava. Però tenia la cara molt bruta de mocs i de llàgrimes seques.

—Pastor, ja n'hi ha prou! —es va enfadar la mare aquell vespre d'abril. En Pastor és el meu pare. Ho explico perquè és tan estrany, aquest nom, que quan ho dic, que el meu pare es diu Pastor, ningú no s'ho creu.

—No, Dàlia, estimada, els nens han de saber què passa al món —va replicar el pare.

La Dàlia és la meva mare i, normalment, també he de donar explicacions, quan dic el seu nom. I, a sobre, només faltava que a mi em posessin Orient i a la meva germana, Àfrica. A casa, l'únic que tenia un nom corrent era el gat, que es deia Joan perquè el vam trobar abandonat en un contenidor d'escombraries la revetlla de Sant Joan de l'any passat, quan només tenia un parell de dies. Però, al cap d'uns quants mesos, quan ja s'espavilava tot solet, en Joan va agafar el camí de la porta i va tocar el dos. I el pare no el va voler anar a buscar ni res, perquè deia que havia estat elecció seva i que se li havia de respectar.

—Només que treguin el cap per la finestra, ho saben de sobres, el que passa pel món —protestava la mare, davant la insistència del pare a fer-nos veure aquelles imatges de la guerra.

—No és el mateix, reina, i tu ho saps.

—Després, no dormiran.

—Doncs els cantaré una cançó.

El pare i la mare sempre es barallen per temes com aquest. La mare diu que no cal que veiem les coses que no volem veure. I el pare, en canvi, em sembla que, si pogués, faria com el protagonista d'una pel·lícula que vaig veure una vegada, que s'enduia tota la seva família a viure a la selva, perquè deia que estava fart de la civilització i que volia que els seus fills coneguessin la natura, la llibertat i les coses en estat pur. Potser no deia exactament això, però s'hi assemblava molt. La pel·lícula es deia *La Costa de Los Mosquitos*. I la mare si la va aguantar tota va ser perquè hi sortia en Harrison Ford, que diu que està com un tren. A mi, en Harrison només m'ha agradat fent el paper d'Indiana Jones.

De fet, no la vaig pas veure una vegada, només, *La Costa de Los Mosquitos*. El pare la va gravar i ens la va passar sis o set cops. Fins que la mare es va plantar i va dir:

—O *Los Mosquitos* o jo, Pastor. En Harrison Ford és un bombó, però, si no me'l treus del davant ara mateix, en quedaré ben embafada.

El pare i la mare sempre es barallen per coses com ara aquesta. Però també es fan petons i s'abracen. I s'expliquen les coses que els passen i l'un escolta l'altre. I jo trobo que això d'escoltar-se està molt bé. A mi també m'agrada molt, que se m'escolti. No sé ben bé per què però em produeix una sensació de molta tranquil·litat. Potser només són manies meves. Però un dia la Violeta, a qui li ho vaig comentar, em va dir:

—Quan tu m'escoltes, jo també em sento molt tranquil·la.

La Violeta i jo som nòvios des que teníem quatre anys. Però això ja és una altra història.

Episodi 2
Terminator

Aquell vespre d'abril va acabar una mica com el rosari de l'aurora, tal com deia sempre la meva àvia Almira.

L'àvia Almira, el dia que es va morir encara va anar a comprar un conill i el va fer amb samfaina. Després, va rentar els plats, va estendre la roba d'una rentadora, es va tallar les ungles de les mans, se'n va anar a fer la migdiada i ja no es va despertar. Jo, aleshores, tenia set anys. La mare em va dir que se n'havia anat al cel en una carrossa tirada per sis cavalls blancs i que, algun dia, la trobaríem en un castell de fades, somrient i feliç, i fent encanteris sense parar. El pare em va dir que s'havia mort i que no la tornaríem a veure mai més.

—Però, ha anat al cel o no? —insistia jo.

Al final, el pare em va dir que sí. Però que no era pas el cel que tenim damunt del cap ni el que volia dir la mare, sinó un cel seu, que ella s'havia anat construint durant tota la vida amb les coses i els records que més estimava. A partir de llavors, i fins que vaig fer nou anys, jo també em vaig construir el meu, de cel.

El vaig fer dins l'armari de la meva habitació i hi anava posant de tot. El dia que el pare me'l va descobrir, hi havia: crostons de pa de dos anys enrere; un dibuix d'en *Terminator* que havia fet quan només tenia cinc anys i que m'havia quedat la mar de bé; cèntims del canvi d'anar a comprar el pa; una fotografia de la primera vegada que la Violeta i jo havíem anat de colònies, quan fèiem P-4; una pistola de plàstic que l'àvia Almira m'havia comprat d'amagat del pare, perquè el pare és absolutament contrari a les armes de tota mena, fins i tot a les canyes de pescar; una llibreta i un llapis per si em venien ganes d'escriure o de dibuixar quan m'arribés l'hora de tancar-me en el meu cel per no sortirne mai més; sis llaunes de tonyina amb oli; tretze bosses de pipes pelades; quatre paquets de galetes de xocolata; dues dotzenes de xiclets; uns mitjons i uns calçotets nous; un cangur que m'anava una mica estret; un parell de *Tintins* i un jersei gruixut. També hi havia un sac de dormir estirat, un coixí i, a sota del coixí, un *madelman*, tot plegat com si fos un llit, el llit del meu cel, per quan estigués cansat i volgués dormir.

—Què signifiquen totes aquestes andròmines, Orient? —em va preguntar el pare, en obrir la porta de l'armari. Al pare li agrada fer servir paraules rares.

L'armari de la meva habitació, ja feia molts mesos que només l'obria jo. Perquè no em descobrissin el meu cel, havia dit a la mare que jo mateix m'endreçaria la roba neta. I la mare hi havia estat d'acord, com sempre. Però segons es veu, feia uns dies que havien notat una olor estranya a casa i havien deduït que sortia d'allà. De fet, quan el pare va inspeccionar l'armari, va descobrir que les galetes, les pipes, els crostons de pa i els xiclets constituïen els dominis de milers de famílies d'insectes variats que no havien conegut res més al món que allò que hi havia dins del meu armari. Vull dir que segur que molts d'aquests insectes hi havien nascut i alguns fins i tot ja hi havien mort.

—Reina santíssima! —va exclamar la mare, així que el pare va obrir la porta i es van

escampar la pudor i els insectes—. Es pot saber què és tot això?

—El meu cel —vaig contestar, la mar de convençut—. El pare em va dir que l'àvia Almira s'havia construït el seu abans de morir-se, i jo faig el mateix. Hi poso tot el que més m'estimo d'aquest món.

Quan el van buidar, la mare estava una mica decebuda.

—No hi ha cap fotografia meva —em va dir, tota moixa.

—Demà pensava posar-n'hi una —vaig despistar.

La veritat és que no hi havia caigut. Amb les mares, es veu que això ja passa. Vull dir que les tens tan a prop que no hi penses. Un dia, la Violeta em va dir que és com tenir mal de queixal, que quan no en tens no hi penses pas, que no et fa mal. No sé si la comparació és gaire encertada, però m'ho va dir la Violeta i jo me la vaig creure.

El pare es va enfadar molt quan va veure la pistola.

—Dàlia, en sabies res? —va preguntar a la mare, molt seriós.

—No.

I és que el pare és voluntari d'una pila d'*oenegés* i està molt a favor del desarmament, de la protecció de les balenes i del desmantellament de les centrals nuclears de tot el món, entre moltes altres coses, com ara l'estudi de les llengües en perill d'extinció, la reproducció de les cigonyes, la doctrina de les tres erres –reduir, reciclar, reutilitzar– o la supressió de l'explotació infantil. També fa classes a adults immigrants, surt per les carreteres a recollir eriçons ferits i, de tant en tant, és nudista. Tot plegat, un bon poti-poti. Amb tot això vull dir que no pot veure les pistoles ni en pintura, ni que siguin de plàstic i de lluny.

Quan va obrir l'armari i va veure la pistola, me la va aixafar allà mateix. I el dibuix d'en *Terminator*, me'l va esbocinar.

—Aquest individu, si li treus les armes, no es ningú —va dir, molt enfadat.

Em va saber més greu el dibuix que la pistola, de debò.

I és que el pare, en el fons, de fet en el fons i en la forma, és de les persones més estrambòtiques que conec. I, si no, mireu com va trobar feina. Tot plegat és una història molt curiosa i arrenca de lluny.

Fa dos anys més o menys, el pare treballava en una oficina d'assegurances, de nou a dos quarts de dues i de quatre a dos quarts de vuit. Però no hi era gens feliç. Deia que li faltava aire, en aquella oficina.

Un dia, fent la compra del dissabte en un gran supermercat, es va adonar d'un fet curiós. Davant d'un prestatge ple de confitures de diferents marques, preus i gustos, hi havia un client indecís que no sabia quina quedar-se. N'agafava una, en llegia l'etiqueta, la tornava a deixar, n'agafava una altra... Llavors el pare s'hi va acostar i, sense pensar-s'hi gens, en va agafar una, com si estigués molt segur del que volia, la va ficar dins del seu carro i va continuar fent la compra com si res. Automàticament, el client indecís, que potser feia mitja hora ben bona que dubtava, va agafar la mateixa confitura que el pare i, amb una decisió envejable, també la va ficar al carro i va continuar passejant pels passadissos del supermercat.

Aquell mateix dia, el pare va provar l'estratègia amb tres o quatre persones més. I sempre funcionava! Clients i clientes que no es decidien, quan veien aquell home que sense dubtar ni un moment carregava el carro amb tanta decisió, s'afanyaven a imitar-lo, com si pensessin que una persona que va tan directe al producte és perquè sap amb del cert que allò que compra és el millor de tot.

El dissabte següent ho va tornar a fer. I l'altre, també. I sempre funcionava.

Aleshores va demanar hora de visita amb el gerent del supermercat i li va explicar el pla. Al principi, el gerent una mica més i el llença per la finestra, segons ens va explicar el pare. Però després li va dir que ho provarien. El pare se'n va anar cap al supermercat i, durant una hora, van gravar tots els seus moviments amb les càmeres de seguretat. Va ser un èxit rotund.

L'endemà, el pare ja treballava d'esquer. Ell sempre diu que la idea va ser seva i de ningú més, però jo dubto que no se li acudís a ningú, abans que a ell, amb la quantitat d'idees rares que hi ha avui dia perquè la gent compri allò que no necessita per a res.

Al principi, estava molt content amb la seva nova feina i es feia un bon sou. Es passava el dia fent veure que era un client, comprant de mentida, com si diguéssim, acostant-se amb resolució als clients més indecisos perquè, amb la seva actitud, els encomanés les ganes d'omplir també el seu carro. Evidentment, els responsables del supermercat li van dir que sempre fes veure que comprava els productes més cars, i que les ofertes, ni les toqués.

Tot anava bé excepte que, quan em preguntaven de què treballava el meu pare, em feia una mica de cosa dir que treballava d'esquer. No quedava bé.

Amb el temps, però, el pare va anar perdent les ganes de treballar. Es veu que l'home havia rumiat molt sobre la feina que feia i va arribar a la conclusió que, allò que al principi li havia semblat una gran estratègia, no era res més que una enganyifa. I com que ell és com és, vull dir que està tant a favor d'unes coses i tant en contra d'unes altres, va començar a patir de valent. Deia que la seva feina era incitar al consumisme sense cap mena de vergonya i que anava contra tots els seus principis. De totes maneres, havia de continuar portant un sou a casa i es va haver d'empassar les manies.

Ara me n'he anat molt del tema.

Aquell vespre d'abril, en què ens va fer veure per força la situació d'aquella gent que fugia d'una guerra, va acabar, com deia, com el rosari de l'aurora. Perquè potser va ser el dia que es va barallar més fort amb la mare i que la baralla no va acabar ni amb petons ni amb abraçades.

La mare veia com, amb totes aquelles imatges tan desesperades, jo m'anava encongint en el sofà i l'Àfrica es mossegava les ungles d'una manera frenètica. I, al final, va dir:

—Pastor, l'Àfrica feia quatre dies que ja no es mossegava les ungles —i tot seguit es va aixecar i va apagar el televisor.

Podria haver dit, per exemple, que no li agradava que ens amargués la vida amb totes aquelles misèries, o alguna cosa així, com deia sempre. Però no. Va dir allò de les ungles de l'Àfrica i em sembla que el pare es va quedar de pasta de moniato.

Però l'home es va refer de seguida perquè, darrere de la mare, es va aixecar i va tornar a encendre el televisor. És que, a casa, no tenim comandament a distància. Ja hi anava, ja, quan vam comprar el televisor, però el pare el va llençar a les escombraries el primer dia. Va dir que on s'havia vist tanta ganduleria. Això va dir, sí.

La mare, tot anant cap a la cuina a preparar el sopar, el va tornar a apagar. I el pare el va tornar a encendre. I així es van passar mitja hora. Al final, la mare es va tancar a la seva habitació i no en va sortir fins l'endemà. I el pare, aquella nit, va dormir al sofà.

Després van venir uns dies una mica estranys. El pare i la mare només es deien coses imprescindibles i amb prou feines es tocaven. Vull dir que, si un havia de passar per la porta de la cuina, que és molt estreta, i l'altre també, un dels dos s'apartava exageradament.

Aquells dies vaig patir molt, la veritat. Mai no els havia vist així, amb aquella fredor. No sabia ben bé què passava però intuïa que, en qualsevol cas, era gros.

—I si se separen? —vaig comentar a la Violeta, un dia que anàvem junts a comprar un àlbum per a la classe de dibuix.

—Vols dir? —dubtava ella—. La meva mare sempre diu que sembla que s'estimen tant i tant.

—Això diu, la teva mare?

—És que la meva mare sempre parla de tot, ja ho saps.

De fet, el meu pare sempre diu que la mare de la Violeta és tan i tan xafardera que sembla que no tingui res més a fer que aturar-se a cada portal, a cada cantonada i a cada botiga per escampar les mil i una històries del barri que s'inventa per no avorrir-se. I que és per això que el seu home la va deixar. Però la Violeta sempre m'ha dit que el seu pare va marxar de casa perquè no li agraden els peus de porc i la mare, els dissabtes, sempre li feia peus de porc per sopar. I jo em crec més la Violeta.

La Violeta i la seva mare no s'assemblen gens. Però això també és una altra història.

Episodi 3
Titanic

Potser ara és el moment de dir que el barri on vivim la Violeta i jo és com un poble petit dins d'una gran ciutat. Tothom es coneix i hi ha de tot: nens i nenes, gent jove i avis i àvies que es passen el dia asseguts als bancs de les places, discutint si el sol escalfa més o menys que abans. Al meu barri no hi ha blocs de pisos sinó casetes amb jardí, plenes de flors a les tanques i de cortines a les finestres. A l'hivern, totes treuen fum de les xemeneies i la Violeta sempre diu que sembla que vivim en un paisatge de conte.

Tret de dues cases idèntiques molt antigues i molt grans que són al capdamunt del carrer principal del barri, l'una al davant de l'altra, la resta són molt més petites i no n'hi ha cap d'igual. Encara que les van fer totes de cop fa uns trenta anys, tothom hi ha anat afegint coses, com ara terrasses, garatges i porxos, i se les ha pintat del color que ha volgut. Aquestes casetes petites fan la sensació de ser filles de les dues grosses del capdamunt del carrer, a les quals, a més a més, la gent anomena can Mare i can Pare. L'àvia Almira m'havia explicat que can Mare i can Pare tenen, potser, tres-cents anys. I que són conegudes amb aquest nom des de sempre. Però mai no em va saber dir per què.

A can Pare, des de fa molts anys, hi viu el doctor Llop, un senyor que és metge però que ara no en fa. És molt gran, solter, es passa el dia llegint el diari al jardí o al carrer i porta barret hivern i estiu. Es veu que li agraden molt els ocells perquè té el jardí ben ple de nius penjats als arbres. I jo he vist com els diu coses i els dóna menjar. Moltes vegades, quan surt a passejar, un estol d'ocells de ciutat voletegen per damunt del seu cap, com si l'acompanyessin en la seva caminada. El doctor Llop té una majordoma, gran com ell, que em sembla que es diu Escala i que sempre va amb còfia i davantal, fins i tot quan surt a comprar.

A can Mare hi viu la Norallum, una dona d'edat indefinida que la gent del barri diu que és mig bruixa perquè té un grapat de gats, encén espelmes a mitjanit i fa mil i una pocions d'herbes estranyíssimes que, qui les ha flairat, assegura que fan una pudor terrible. També hi ha qui diu que, de bruixa, no en té res, i que senzillament és una dona molt rica i una mica trastocada que, després de passar-se mitja vida donant volts pel món, va tornar a la casa que l'havia vist néixer. La veritat és que can Mare va estar deshabitada molt temps, fins que la Norallum va tornar, fa uns deu anys. Les heures que s'enfilen per la tanca de ferro del jardí i per la façana principal de la casa s'han anat convertint de mica en mica en una carcassa vegetal que sembla que la vulguin protegir de qui sap què. De qui no la protegeixen, però, és de la Violeta i de mi, que, des que érem petits, hi hem entrat d'amagat per jugar-hi a nàufrags. Fèiem veure que el jardí era una illa perduda a l'oceà i ens vam fer una barraca i tot en el cor d'una petita plantació de canyes americanes que hi ha a la part del darrere. Quan vam ser més grans, ja no jugàvem a nàufrags però continuàvem entrant al jardí per seure-hi una estona, parlar i jugar a cartes. Em consta que la Norallum ho sabia, que jugàvem al seu jardí, perquè de vegades veia que ens mirava des d'una finestra. Però mai no ens va dir res.

L'any passat, la Violeta i jo vam anar al cinema a veure *Titanic* i em van tornar a venir ganes de jugar a nàufrags.

—Farem veure que som supervivents i que, navegant en una cadira, hem arribat a aquesta illa —vaig proposar a la Violeta.

—T'has tornat boig o què? —em va esbroncar ella—. Jo ja no jugaria a nàufrags ni amb en Leonardo Di Caprio. Ja sóc gran.

En Leonardo Di Caprio li agrada moltíssim, encara que no sé pas ben bé per què, la veritat. La qüestió és que no hem tornat a jugar a nàufrags mai més.

Pocs dies després de tot aquell enrenou entre el pare i la mare per culpa de les notícies que el pare volia que veiéssim a la tele, va passar una cosa molt curiosa.

Era el vespre, poc abans de sopar. El pare va tornar a casa a l'hora de sempre. Però no va arribar sol: va venir amb la Norallum.

—Dàlia, estimada —va dir a la mare—: prepara-li l'habitació dels convidats. A partir d'avui, es quedarà a viure amb nosaltres.

La Norallum s'ho mirava tot amb una mitja rialleta molt enigmàtica. S'havia posat un abric de color de catxumbo amb botons daurats, i la

seva figura, molt poca cosa, encara es veia més esquifida amb aquell abric que li anava balder. Calçava espardenyes d'estar per casa i duia una maleta a la mà. Els seus ulls, petits, blavíssims i brillants, eren extraordinàriament vius. Els seus cabells, de tan grisos, semblaven blau cel.

—Li acaben de destruir la casa —va afegir el pare.

—Reina santíssima dels set dolors! —va exclamar la mare—. I com ha estat?

—Segurament, una bomba —va dir el pare.

La mare se'n va anar corrents cap a la finestra del menjador, que dóna al carrer i des de la qual, estirant una mica el coll, es veu can Mare.

—Pastor, rei —va començar a dir la mare—, can Mare està tan dreta com sempre. No veig pas que hi hagi caigut cap bomba, jo.

—Ha estat terrible —m'explicava el pare, sense fer cap cas de les observacions de la mare—. Ha caigut just a la teulada i li ha destruït tot, tot, tot. Sort que jo passava pel carrer i ho he vist, i he pogut entrar i treure-la de les flames, que si no...

—I els gats, pare? —vaig preguntar amb molt d'interès.

Els gats de la Norallum sempre venien a badar quan la Violeta i jo jugàvem a nàufrags. Potser n'hi havia vint, o més, i nosaltres fèiem veure que eren cabres salvatges que havíem trobat a l'illa i que les domesticàvem.

—Els gats són molt llestos, Orient —em va contestar el pare, molt convençut—. Segur que, en sentir la bomba, han corregut a aixoplugar-se ben lluny.

La Norallum no deia res. Només mirava i somreia, palplantada al mig del menjador, amb la maleta a la mà i l'abric posat.

Aleshores, va arribar l'Àfrica.

—Ha caigut una bomba a can Mare —em vaig avançar.

—I jo, demà, me'n vaig a la lluna en patinet —em va contestar sense mirar-me, mentre donava una ullada ràpida a la Norallum i la seva maleta.

Tot plegat era tan absurd que no sabia si esclatar de riure o arrencar a plorar. La mare, que deia que no veia el rastre de cap bomba enlloc. I el pare, que insistia que havíem de preparar l'habitació dels convidats mentre corria a abaixar totes les persianes de la casa.

—Es pot saber què fas, ara? —li va preguntar la mare tota estranyada.

—Han dit que és millor que no es vegi llum a les cases.

—Qui ho ha dit?

—Un comandant —responia el pare molt seriós.

—Quin comandant? —insistia la mare, sense entendre res.

—No ho sé, un. Un que corria pel carrer.

—Hi havia un comandant que corria pel carrer?

—Sí.

—I què hi feia?

—Que no t'ho he dit? Avisava la gent que podien caure més bombes i que el millor que podíem fer era tancar-nos a casa i abaixar les persianes.

Quan es va assegurar que les persianes estaven totes abaixades i que no s'escapava cap escletxa de llum, ell mateix se'n va anar a preparar l'habitació dels convidats. Des del menjador, vam sentir com obria i tancava armaris, segurament buscant mantes i llençols nets.

L'Àfrica s'havia aclofat al sofà sense dir ni piu i amb la boca tota oberta. La mare semblava que tenia els peus clavats a terra. La Norallum continuava somrient. I jo em moria de ganes d'anar a explicar-ho tot a la Violeta.

Al final, la mare va reaccionar i, d'una revolada, va tornar a pujar les persianes. Llavors ens va dir, a l'Àfrica i a mi:

—No us moveu d'aquí.

I a la Norallum:

—I vostè, segui, faci el favor —i li assenyalava el sofà amb el dit.

Després, se'n va anar a trobar el pare. Vaig deduir que parlaven, tot i que des d'on érem no se sentia res.

Al cap de mitja hora, va tornar. L'Àfrica continuava al sofà, al costat de la Norallum, que, amb l'abric posat i la maleta a la falda, semblava que esperés el tren. Jo m'havia assegut en una cadira. En tota l'estona, cap dels tres no havia badat boca. Ni havíem encès la tele, ni ens havíem mogut, ni res. La mare ens va trobar tal com ens havia deixat.

—Molt bé —va dir, amb veu de mentida però força convençuda—. A la Norallum, una bomba li ha destruït la casa i ara viurà aquí, amb nosaltres. Àfrica, acompanya-la a l'habitació dels convidats. I tu, Orient, comença a parar la taula.

I, tot seguit, se'n va anar a preparar el sopar.

Episodi 4
ET, l'extraterrestre

L'endemà, de bon matí, me'n vaig anar corrents a buscar la Violeta. Abans d'anar a l'escola, volia que m'acompanyés a veure can Mare. Jo ja sabia que no hi havia caigut cap bomba perquè la nit abans també havia tret el cap per la finestra i l'havia vist com sempre, alta, grossa i fosca, protegida per les heures i els arbres centenaris del jardí. Però, per si de cas, la volia veure de ben a prop.

—No sé pas què s'empatolla el pare —vaig explicar a la Violeta amb moltes presses i molts embolics, mentre l'arrossegava corrents cap a can Mare—. Ha dut la Norallum a viure a casa perquè...

—La Norallum? La Norallum de can Mare? —em va interrompre la Violeta, amb cara de no creure-s'ho.

—Sí. Ara viu a casa perquè el pare diu que una bomba li ha destruït la casa i...

—Una què?

—Una bomba.

—Una bomba-bomba? —feia la Violeta amb els ulls ben oberts i eixamplant els braços, com per mesurar la forma i el volum de la bomba.

—Sí. Que no t'ho dic? —m'impacientava jo.

—Però no és pas veritat, oi, que ha caigut una bomba a la casa de la Norallum?

Just en aquell moment, hi arribàvem. Can Mare estava com sempre. Amb els mateixos vidres trencats i les mateixes teules esquerdades que jo hi havia vist tota la vida, però sense senyals de cap bomba enlloc. Els gats voltaven pel jardí i es veia que trobaven a faltar l'esmorzar.

—Mira —em va dir la Violeta de cop i volta, pessigant-me el braç i assenyalant el carrer.

La Norallum s'acostava tot xano-xano cap a la casa, amb una bosseta de plàstic a la mà, amb l'abric blau cel i les espardenyes d'estar per casa. Però sense la maleta.

La Violeta i jo ens vam amagar de pressa darrere un cotxe i vam veure que la Norallum empenyia la porta de ferro de la tanca i escampava el menjar que duia a la bossa. Els gats s'hi van llençar de cop, i alguns li fregaven les cames. La dona va estar una bona estona mirant com menjaven i amanyagant-los.

Després, va sortir del jardí, va tancar la porta i se'n va tornar cap a casa. Vull dir cap a casa meva.

—I si està malalt? —va insinuar la Violeta, com si rumiés en veu alta.

—Qui?

—El teu pare. Potser pateix al·lucinacions. Jo tenia un oncle que es pensava que el perseguien i que tothom parlava d'ell.

Em costava creure que el pare estigués malalt, tan malalt com aquell oncle de la Violeta. Però era segur que li'n passava alguna. Perquè no és gens normal començar, de cop i volta, a proclamar a tort i a dret que cauen bombes, quan no és veritat, ni a dur velletes desvalgudes a viure a casa.

—I la teva mare, què hi diu? —va voler saber la Violeta.

—De bon principi, es va enfadar molt, sobretot quan va comprovar que no queia cap bomba enlloc i que can Mare no estava en flames. Però, després, ella i el pare van parlar i ja no va protestar ni per la Norallum ni per les bombes ni per res. Va fer el sopar, com sempre. I després tothom se'n va anar a dormir. La Norallum, també, com si hagués viscut a casa tota la vida. I aquest matí, s'ha llevat i ha esmorzat amb tots nosaltres. No diu res, però se la veu la mar de feliç, a casa.

—No parla?

—No, gens.

Es feia tard i la Violeta i jo vam arrencar a córrer cap a l'escola.

En tot el dia, no vaig fer res de profit. No em podia concentrar de cap de les maneres.

A la tarda, en arribar a casa, el pare ens va explicar que l'acabaven d'acomiadar de la feina.

—Què ha passat? —li va preguntar la mare, ben alarmada.

—No és culpa meva. Passa que, amb les bombes i tota la pesca, al supermercat amb prou feines hi ha res —va contestar el pare, molt seriós—. Els prestatges són gairebé buits. L'encarregat, de moment, m'ha despatxat només a mi. Però segur que, demà, en cauen més.

Era l'hora de sopar i estàvem asseguts a taula. La Norallum va continuar menjant la sopa de fideus de cabell d'àngel com si res.

L'Àfrica i jo ens vam mirar ben desconcertats. I la mare només va dir:

—Ah, les bombes, és clar —i també va continuar menjant la sopa.

Després de sopar, el pare va començar a fer coses estranyes. Va desenroscar totes les bombetes de la casa i va escampar espelmes pertot arreu. Després, va desendollar el televisor i el va desar en un armari.

—Pare —va protestar l'Àfrica—, avui fan aquella sèrie que...

—No, filla —va contestar el pare amb una veu molt trista—, avui no fan cap sèrie. Una

bomba ha caigut ben bé al mig del transformador de la central elèctrica i tota la ciutat està a les fosques.

Evidentment, era mentida. A través de les finestres, veia les cases dels veïns il·luminades, i sentia televisors que funcionaven. Els fanals del carrer també estaven encesos.

Me'n vaig anar a dormir ben encongit.

—Què li passa al pare? —vaig preguntar a la mare quan em va venir a dir bona nit.

—Demà en parlarem —em va contestar—. Ara, dorm.

I, per uns moments, em vaig sentir més perdut i més desconcertat que l'*ET* buscant casa seva.

Episodi 5
Jumanji

L'endemà era dissabte i, per dinar, la mare va fer arròs bullit i prou. Vull dir que, de segon plat, no hi havia ni carn ni peix. L'Àfrica i jo vam protestar perquè el dissabte és l'únic dia de la setmana que ens fa patates fregides. Ens agraden amb bogeria, però la mare, un bon dia, va dir que no eren saludables i, després de queixar-nos de valent, les va relegar als dissabtes. Valia més això que res.

—Mare, i les patates fregides? —va preguntar l'Àfrica aquell dissabte, mirant-se amb cara de fàstic el trist arròs bullit que tenia al plat.

—Avui no hi ha patates fregides, ho sento —va contestar la mare, mirant el pare de reüll per si volia aclarir alguna cosa més.

Però el pare no va dir res i va continuar menjant-se l'arròs amb la vista clavada al plat.

La Norallum tampoc no deia res, però somreia molt i es menjava aquell arròs tan ensopit com si fos un rostit de festa major.

A la tarda, el pare se'n va anar molt aviat. Com que l'havien despatxat i el dissabte era el dia que tenia més feina al supermercat, va dir que aquella tarda era com si li acabés de tocar la loteria. I feia una cara de felicitat que no podia dissimular.

—On va? —vaig preguntar a la mare, en veure que marxava tan de pressa i tan content.

—No ho sé segur.

La Norallum va agafar una mica d'arròs bullit que havia sobrat del dinar i també va marxar. No va explicar res, però jo ja sabia que anava a portar el dinar als seus gats estimats.

—Jo me'n vaig a veure una pel·lícula que m'han dit que feien aquesta tarda per la tele i...

—La tele és a l'armari, ja ho saps, Orient. No es pot mirar —em va dir la mare amb una cara que semblava que estigués de dol.

—Però, per què?

—Coses del pare.

I, tot seguit, se'n va anar a rentar roba. La rentava a mà, perquè la rentadora havia desaparegut de casa de manera ben misteriosa.

—Mare, necessito una fotocòpia de la cartilla de la seguretat social —va dir l'Àfrica al cap d'una estona—. Ens la demanen a l'institut per anar de colònies la setmana que ve.

—Ho sento, reina meva, però no tinc cap cartilla de la seguretat social —li va contestar la mare, sense parar de fregar uns mitjons meus que estaven ben bruts de fang.

—Queeè? —va fer l'Àfrica—. Si no la duc, no podré anar de colònies, m'han donat de temps fins dilluns.

—No la tinc, ja t'ho he dit. Ens l'han pres —va insistir la mare amb tota la calma del món.

Perquè la veritat és que se la veia més pacífica i tranquil·la que mai. Amb cara de dol, això sí, però molt tranquil·la.

—Què vols dir? —es va alarmar l'Àfrica, enfilant-se per les parets—. Que ens l'han robada? Què m'estàs dient? Que uns lladres han entrat i s'han endut la cartilla perquè no me'n pugui anar de colònies? És això?

—Més o menys —li va contestar la mare, sense parar de fregar els meus mitjons.

L'Àfrica, vermella com un pebrot i mossegant-se els llavis, em va fer un gest amb el cap per indicar-me que volia parlar amb mi.

Vam sortir al jardí i vam seure al pedrís del porxo.

Feia una tarda d'abril esplèndida, amb un sol que semblava una mandarina, lluent i calent com si estiguéssim a punt d'estrenar l'estiu. El roser blanc de la tanca estava tot florit. El cel semblava un tros de llençol blau.

—Orient —em va començar a dir l'Àfrica—, tu hi entens res, de tot això?

—Ni pum, noia.

—Que s'han trastocat tots dos o què?

—No m'agrada que parlis així —la vaig recriminar.

Tot i que, en el fons, reconeixia que estava passant alguna cosa molt estranya, no estava gens d'acord amb aquell to que adoptava l'Àfrica. Al cap i a la fi, eren els nostres pares.

—Primer, ens porta la Norallum a casa, tot dient que una bomba li ha destruït la casa —es va embalar la meva germana—, després ens fa apagar els llums i tanca el televisor a l'armari. Ens comunica que l'han despatxat de la feina perquè ja no hi ha res per vendre al supermercat. La mare ens fa arròs bullit per dinar, un dissabte! I, per acabar-ho d'adobar, ara em diu que no té cap cartilla de la seguretat social. Ah! I la rentadora! Em descuidava de la rentadora. On cordills ha anat a parar, la rentadora? A què treu cap, tota aquesta història de les bombes? Com si estiguéssim en guerra, Orient! Però les guerres només passen a la tele, no? Si no s'han trastocat, és que dec estar somiant.

Però tot allò que relatava l'Àfrica d'una manera tan freda no era res més que la punta de l'iceberg, que diu la Violeta. La Violeta en sap molt, de dir coses d'aquestes. Perquè, just en aquell moment, s'acabava d'aturar un camió de mudances davant mateix del portal de casa. Dos homes molt decidits se'ns van acostar.

—És la casa del senyor Pastor Just, aquesta?

Sí, en Pastor Just és el pare. I, encara que sembli el cognom, Just és el segon nom. Però, com que es diu Garcia i no li agrada, sempre ha fet creure que Just és el cognom. Jo, de fet, em dic Orient Garcia. Però el pare sempre m'ha inscrit a tot arreu com a Orient Just.

—I per què ho volen saber? —els va preguntar l'Àfrica, que, aquella tarda, arrosegava una mala lluna que no s'hi veia.

—Venim a buscar els mobles —va dir un dels homes.

—Quins mobles? —vaig fer jo.

—Els de la casa, és clar —va contestar l'home, llegint un tros de paperot que tenia a la mà—. Tenim ordre d'endur-nos tots els mobles d'aquesta casa.

—Per què? —vaig preguntar, ben estranyat.

—I a mi què m'expliques? —va fer aquell home, que es mirava el rellotge amb insistència—. Potser és que en volen comprar de nous.

En sentir allò, l'Àfrica es va aixecar d'una revolada i, amb els braços oberts, es va plantar davant el portal, impedint el pas d'aquells homes.

—Ah, no! —va cridar, feta una fúria—. Aquí no hi ha ningú que vulgui comprar mobles nous. I, abans de treure els vells, m'hauran de treure a mi. I per la força!

L'Àfrica normalment ja n'és, de teatral. Tota ella és una exageració. Encara que, aquella tarda, jo estava força d'acord amb ella.

—Mira, maca —va començar a explicar amb prou paciència un dels homes, el que semblava l'encarregat—: se'ns ha encomanat que passem per aquesta adreça a recollir uns mobles i és el que penso fer. I si t'haig de treure del mig del pas, ho faré encantat.

—Poca-solta! Però, què s'ha pensat? —es va esverar l'Àfrica, tota tremolosa i a punt d'arrencar a plorar—. Miri que, si em toca un sol cabell del serrell, cridaré un guàrdia.

De fet, la situació era força còmica, la veritat. Algunes persones que passaven pel carrer es van aturar i tot, a veure què passava.

—I tu no penses fer res? —em va esbroncar la meva germana, tombant el cap, només el cap, mentre amb els braços estesos continuava impedint que aquells homes entressin al jardí—. Pocapena, figaflor, cara de lluç congelat, covard, més que covard! Nosaltres, aquí, a punt de perdre els mobles, i tu només saps mirar, seure i pensar en la Violeta! Vine aquí, si ets un home!

No sé pas a què treia cap, allò de la Violeta, però tampoc vaig tenir temps de rumiar-hi, perquè en aquell mateix moment va aparèixer la seva mare, vull dir la de la Violeta, i va donar una empenta a l'encarregat de les mudances, que s'acostava a la meva germana de forma amenaçadora.

—Vol deixar aquesta criatura en pau, tros d'ase? —va cridar la dona amb un xiscle de pel·lícula.

L'home se la va mirar amb mala cara i va fer un intent d'agafar-la pel braç.

—Si em toca, el mossego! —va cridar ella, amb els ulls encesos.

Tot plegat em feia l'efecte de viure qualsevol seqüència de *Jumanji*. «Deu ser un joc», pensava, «és un joc i aviat s'acabarà.»

Però ni era cap joc ni tenia la intenció d'acabar-se res. Més aviat, es complicava per moments. Perquè de seguida hi va haver un grup de ben bé una dotzena de persones esbroncant els de les mudances, dient-los que què s'havien pensat, amenaçar una nena i voler pegar una dona!

—Nosaltres només hem vingut a recollir uns mobles... —intentava explicar l'encarregat.

—No, si encara seran lladres —deia el carnisser, que havia sortit de la botiga a veure què passava.

Amb l'enrenou que hi havia a la vorera, un conductor que badava va topar contra el cotxe que tenia davant i li va fer un senyor bony. Els dos conductors es van començar a dir de tot. Després, va venir un guàrdia a posar pau. Però una velleta amb paraigua, que no sé per què en duia, de paraigua, perquè aquella tarda feia més sol que al desert de *Mad Max*, va començar a picar-lo sense cap mirament.

—No és pas aquí que el necessiten, inepte, pocavergonya, més que pocavergonya! —I vinga picar-li el cap amb el paraigua.

—Senyora, miri que la detinc! —bramava el guàrdia mentre intentava defensar-se com podia dels cops de paraigua.

El carrer era un caos. Tothom semblava boig. Fins i tot van venir els bombers, cridats per algú que, amb tota la bona intenció del món, havia entès que en alguna casa hi havia una nena que s'hi havia quedat tancada.

I, just en el moment en què un presentador de televisió, molt ben vestit i clenxinat, s'acostava a la mare de la Violeta per fer-li una entrevista sobre el que estava passant, va aparèixer el pare.

Caminava amb tota la calma del món, entremig dels intermitents de policies i bombers, del paraigua de la velleta, del policia torturat a mans de la velleta del paraigua, dels veïns i veïnes encesos d'indignació per alguna cosa que, ben bé, no sabien què era, dels dos conductors enrabiats, de l'Àfrica, que no deixava el portal ni que la matessin, i dels pobres encarregats de les mudances que es pensaven que havien anat a parar en un món de bojos.

Quan va ser davant de casa, m'hi vaig tirar a sobre com un nen petit. Ara que hi penso, em fa una mica de vergonya i tot, però no me'n vaig saber estar.

—Què passa, pare? —li vaig preguntar, abraçat al seu coll, intentant recordar, sense aconseguir-ho, una escena dramàtica d'alguna pel·lícula d'aquelles de mocs i llàgrimes.

—És la guerra, fill, és la guerra —va dir.

I ens va fer entrar, a l'Àfrica i a mi, cap a casa.

Episodi 6
Allibereu Willy

La Violeta no s'havia assabentat de res perquè els dissabtes a la tarda va a un casal de l'altra punta de la ciutat, gairebé als afores, on es dediquen a curar les ales trencades d'estornells, orenetes i pardals. Molts dissabtes a la tarda no tenen gens de feina perquè, encara que sembli estrany, els estornells, les orenetes i els pardals no es trenquen pas una ala cada dia. Llavors, si no hi ha ales trencades, se'n van al parc a comptar fulles mortes. Els monitors els diuen que, observant les fulles mortes que hi ha al terra d'un parc, es pot arribar a saber un munt de coses sobre contaminació, malalties dels arbres i jo què sé més.

Durant molt de temps, vaig pensar que la Violeta, tot això dels casals del dissabte a la tarda, s'ho inventava. Perquè, tot i que li ho havia demanat moltes vegades, no m'hi havia volgut portar mai. Però, com que és la Violeta, feia veure que m'ho creia.

Fins que un dissabte a la tarda la vaig seguir d'amagat. Sabia que, si em descobria, s'enfadaria molt amb mi. Ella sempre deia que el casal del dissabte a la tarda era «la seva parcel·la» i que no m'hi volia. Que, si preteníem continuar la nostra relació, cadascú hauria de mantenir les seves aficions, al marge de les que podríem tenir plegats. Jo no l'entenc gaire, quan em diu això, però li ho respecto.

La vaig seguir i vaig veure que entrava en una caseta del parc amb tot de nens i nenes com ella i alguns de més grans que semblaven els monitors. Sobre la porta d'aquella caseta, en un rètol de fusta, hi posava: «Els pingüins del 44». Al cap d'una estona van sortir i se'n van anar a recollir fulles mortes pels camins del parc.

Encara no li he dit mai que la vaig seguir. I el significat de les paraules del rètol que tenien sobre la porta, allò d'«Els pingüins del 44», el vaig entendre poc temps després.

—Però es van endur els mobles o no, aquells homes de les mudances? —volia saber la meva millor amiga del món i alguna cosa més, desprès d'haver-li explicat l'aventura del dia abans.

Era el matí del diumenge, i al jardí de la casa de la Norallum s'hi flairava un agradable perfum de flors i plantes no identificades. La Violeta deia que era ginesta però a mi em sembla que la ginesta floreix una mica més tard. I, a més, no se n'hi veia. I jo, la ginesta, la conec prou, perquè l'àvia Almira sempre en tenia un ram a casa quan n'era el temps.

—Gairebé tots, sí —vaig contestar, molt trist—. Tots els mobles de casa.

Érem a la barraca del cor de les canyes, allà on temps enrere havíem jugat a nàufrags. Feia molt que no hi anàvem, i vam tenir feina a tallar bardisses per arribar-hi.

—Però, per què se'ls van endur? Que els heu hagut de vendre, potser? Que sou pobres, ara?

—El pare diu que és la guerra.

—Ah.

La tarda abans, l'Àfrica i jo vam contemplar, amb llàgrimes als ulls, com aquells homes, a la fi, s'enduien el sofà, la taula del menjador, les cadires, el trinxant, els armaris, fins i tot els llits. Només van deixar la taula de la cuina, quatre cadires més velles que l'anar a peu i els matalassos. De roba, ben poca. I de plats, gots, coberts, olles i cassoles, les justes.

—I des d'ahir el migdia que només mengem arròs bullit —vaig afegir—. Arròs bullit per dinar, arròs bullit per sopar i fins i tot arròs bullit per esmorzar.

—Que esteu malalts de la panxa? —es va interessar la Violeta, pobra.

—Aviat hi estarem, si continuem així.

—I doncs?

—Res. La mare, que diu que no hi ha res per comprar, que a les botigues s'ha acabat tot i que hem d'estirar del que hi ha al rebost.

—Doncs sí, sí que sou pobres —va sentenciar la Violeta, amb tota la lògica del món—, perquè ahir mateix la meva mare va anar a fer la compra dels dissabtes i va tornar més carregada que nosaltres quan anem de colònies.

Però jo estava segur que no ens havíem pas tornat pobres en un dia. Intuïa que tota aquella bogeria tenia alguna cosa a veure amb les notícies que el pare ens havia fet mirar per força uns quants dies abans. Però era tan gros, el que sospitava, que no m'ho podia creure.

La Violeta i jo vam estar una estona més al jardí de la Norallum, parlant i fent suposicions.

—Si vols —em deia la Violeta—, preguntaré a la mare amb quin metge va anar el meu oncle.

—Quin oncle?

—Aquell que es pensava que tothom parlava d'ell.

—El meu pare no s'ho pensa pas, que tothom parla d'ell —vaig replicar.

—Si continua així, segur que en parlaran, ja ho veuràs. La meva mare ja es comença a fer preguntes. I, si la meva mare es comença a fer preguntes, aviat les traurà al carrer. I quan surtin al carrer de la boca de la meva mare...

—Ja ho sé, ja ho sé.

Quan la mare de la Violeta comencés a escampar pel barri que el meu pare feia coses estranyes, ho sabrien els morts, els vius i els que encara han de néixer, com deia l'àvia Almira.

Cada dia que passava, la Violeta era més i més maca. I aquell diumenge, asseguda al terra de la barraca de canyes, escoltant les meves misèries amb una paciència de sant, estava més maca que mai. Amb els seus ulls clars i els seus cabells rossos, semblava una postal. Duia uns texans una mica gastats i una samarreta blanca amb un pingüí dibuixat enfilat dalt d'una bola

del món on hi havia escrit un any: «1844». Sense donar-hi gaire importància, li vaig preguntar què significava.

—És l'any en què es van extingir els pingüins —em va contestar.

—Extingir, dius? Però si l'Antàrtida n'és plena! —vaig replicar, recordant algun documental que havia vist per la tele.

—No són pingüins autèntics, són uns altres —va insistir la Violeta—. Els autèntics, ja et dic jo que van desaparèixer el 1844.

No m'hi vaig pas voler posar fort. Si la Violeta deia que els pingüins s'havien extingit, potser era cert. O potser no. Però jo, la Violeta, me la crec. I en aquestes coses d'animals encara més, sobretot des del dia que vam veure per la tele *Allibereu Willy* i vaig notar que se li escapaven un parell de llàgrimes molt petites. Va dir que era un granet de pols que la molestava. Però, a mi, aquelles llàgrimes de la Violeta em van arribar molt endins.

—Me la va donar un dels monitors del casal dels dissabtes —em va explicar, tot estirant-se la samarreta perquè en pogués veure bé el dibuix—. Un monitor que es diu Gris i que l'any passat se'n va anar a salvar foques.

—Es diu Gris?

—Sí. T'agrada? Jo, si mai tinc un nen, li posaré Gris. I m'agradaria molt que fos com ell.

«Mira que bé!», vaig pensar. La Violeta decidint el nom dels seus fills i a qui voldria que s'assemblessin, i jo, a la lluna. Em van començar a entrar unes ganes terribles de conèixer aquell tal Gris que, quan li picava, se n'anava a salvar foques, i que els dissabtes a la tarda feia comptar fulles mortes a un grapat de gent que, en aquell moment, vaig entendre per què es deien «Els pingüins del 44».

Però continuava sense entendre per què la Violeta no m'hi volia portar, en aquell casal dels dissabtes, i ara que sabia allò d'en Gris em venien més ganes que mai d'anar-hi.

I quan era ben a punt de dir-li, amb tota l'autoritat i el convenciment de què em sentia capaç, que el proper dissabte volia anar al seu casal, que ja sabia on era, que jo també volia curar les ales trencades dels estornells i que no estava d'acord amb tota aquella ximpleria de mantenir cadascú les seves aficions al marge de les que podíem tenir junts, la Violeta es va aixecar de terra d'una revolada i, apartant les bardisses que es menjaven la nostra barraca de nàufrags, se'n va anar corrents cap a la tanca que envoltava el jardí de la Norallum.

—Gris! —va xisclar de cop i volta, adreçant-se a una colla de persones que caminava pel mig del carrer portant una pancarta i cridant consignes que, de moment, no vaig entendre.

Aquella gent impedia el pas dels vehicles i aviat es va sentir un concert de clàxons i de crits que feia trontollar les cases. Era una manifestació com Déu mana, amb fotògrafs, periodistes, curiosos, i policies i tot. De fet, tot plegat era una mica còmic, perquè els manifestants que duien la pancarta i que cridaven no eren pas més d'una dotzena. Però feien tant d'enrenou com mil persones juntes. I potser faig curt.

—Gris! —va repetir la Violeta, mentre corria cap a la porta del jardí per sortir al carrer.

La gent que s'aturava a la vorera per observar els manifestants m'impedia veure quina cara feia en Gris i, el que era més important, quina mena de persones l'acompanyaven en aquella manifestació tan petita però tan sorollosa, una manifestació que, d'entrada, a mi em semblava la mar de ridícula.

Per això la meva sorpresa va ser tan gran quan, en sortir al carrer darrere d'aquella escandalosa de la Violeta que ni m'havia contestat ni res quan li vaig preguntar on anava, em vaig trobar cara a cara amb el pare.

—Pare! —vaig xisclar en veure'l encapçalant la manifestació i portant una pancarta que deia: «Aturem el consumisme. Al món també hi ha misèria».

—Orient, fill meu, quina alegria! —em va contestar, fent-me una mica de lloc entre ell i un xicot alt, de cabells negres llargs fins a mitja esquena—. Quina alegria que també hagis vingut.

I, encara no sé com, la Violeta i jo ens vam trobar al capdavant d'aquella manifestació tan estranya. Jo, al costat del pare, i ella, la Violeta, al costat d'aquell noi que semblava acabat de sortir d'una fotografia que he vist en algun lloc de casa i que té un peu on diu: «Maig del 68» i en la qual es veuen tot de joves corrent davant d'un grapat de policies. El pare em va dir que eren estudiants de la universitat de París.

—Orient, et presento en Gris —em va dir la Violeta, amb un somriure d'orella a orella, assenyalant-me amb un cop de cap el noi dels cabells llargs.

Però la sorpresa no s'acabava aquí. Perquè, quan em vaig fixar bé en les persones que també cridaven i portaven pancartes, vaig veure-hi la Norallum, el doctor Llop i la seva majordoma, l'Escala, i el meu professor de socials, l'Edmond, que, segons es veu se'n va cada estiu a un lloc diferent del planeta a plantar blat de moro per a la gent que no té res. Això, almenys, és el que es diu a l'escola.

I quan encara tenia la boca oberta per la sorpresa i feia uns esforços increïbles per entendre alguna cosa, se'ns va acostar un municipal molt atent, però molt i molt seriós, que, dirigint-se al pare, va dir:

—No tenen cap permís per fer aquesta manifestació ni per tallar el trànsit. O l'acaben ara mateix o l'hauré d'acabar jo.

I la va acabar ell.

Episodi 7
Gremlins

El municipal, sense despentinar-se gens, va començar a arreplegar les pancartes, i uns quants companys seus s'hi van afegir i ens van obligar a pujar a les voreres per poder desembussar el trànsit.

—Això no acabarà pas així! —cridava la majordoma del doctor Llop, amb la cara a un pam de la del municipal que recollia les pancartes—. Anirem a veure l'alcalde.

—Com vulgui, senyora, però el carrer, me'l deixa net com una patena —li va contestar el municipal sense immutar-se ni un pèl—. I, si tornen a obrir la boca per cridar, els detindré per escàndol públic.

I allà ens vam quedar, arraconats contra la tanca del jardí de la casa de la Norallum, sense pancartes i sense consignes, amenaçats per dos municipals més que ens demanaven la documentació.

—No en tenim —els va dir el pare, tan tranquil.

—Doncs ara mateix se'n van cap a casa a buscar-la.

—Que no ho entén? —va dir en Gris, de cop i volta, avançant un pas cap als homes uniformats—. Si no en tenim, és que no en tenim. No cal que anem a casa a buscar-la, perquè no hi és.

—El que no ho entén és vostè, jove —li va contestar un dels agents, començant a perdre la paciència—. Si no ens presenten ara mateix un document d'identitat, acabarem malament.

Aleshores, l'Edmond, el meu professor de socials, va prendre la paraula:

—Miri, agent —va començar a dir, de manera molt calmada, tan calmada com quan ens explica la lliçó, que mai no s'atabala—, aquest xicot li ha dit la veritat. Cap de nosaltres no té documentació. Ens l'han pres.

—Qui? —va preguntar l'home, canviant una mica de cara però sense decidir-se a posar-ne una de concreta.

—No ho sabem —va contestar l'Edmond, molt i molt seriós—. Suposem que els mateixos que van tirar les bombes l'altre dia, que se'ns van endur els mobles de casa i que van deixar la ciutat sense res.

—Quina ciutat? —va preguntar un altre dels policies.

—Aquesta, home. Que no ho sap? —va replicar la Norallum, amb aquell posat de velleta tendra de pel·lícula de dissabte a la tarda.

Era la primera vegada que li sentia la veu i, tot i la dolçor que se'n desprenia, vaig notar que era una persona molt forta. No sé pas ben bé com li ho vaig notar. Potser perquè no es va encallar gens en parlar, i perquè no va desviar la mirada dels ulls de l'agent mentre li explicava que la ciutat era cada cop més i més caòtica.

—Als supermercats no hi ha res —continuava la Norallum, en el mateix to en què hauria llegit la llista de coses per comprar— i als hospitals falta de tot; la majoria de cases estan ensorrades per les bombes; hi ha nens i vells que campen sols per aquests mons de Déu, perduts i afamats; no tenim llum, ni aigua, ni gas; no tenim res. I vostè encara ens demana la documentació?

—Jo... ho sento, senyora, no ho sabia... —murmurava l'agent, ben confús, mirant de reüll els cotxes que circulaven amb tota normalitat, els semàfors que feien la seva feina, la gent que sortia de les fleques amb el pa i el tortell, els estancs i llibreries que despatxaven els diaris del diumenge...

Em sembla que, si en aquell moment, li arriba a sortir un *gremlin* d'un embornal, no s'hauria pas quedat més sorprès.

—Doncs ara ja ho sap —va sentenciar la majordoma del doctor Llop, més expeditiva que no pas la Norallum, més malcarada i sense tantes contemplacions—. I, per culpa de tot això, els ocells del meu senyor ni mengen ni piulen.

—Ocells? Quins ocells? —va fer el municipal amb una cara com si sentís parlar en japonès o en suahili, que, si no ho tinc mal entès, és una llengua africana.

—Els seus ocells —va insistir l'Escala, tot assenyalant el metge.

El doctor Llop va fer que sí i que no amb el cap. Que sí, per dir que la seva majordoma tenia més raó que un sant. I que no, per fer entendre que els seus pobres ocellets ni menjaven ni piulaven.

Però jo vaig mirar el jardí de can Pare, la casa del metge, que era davant nostre mateix, a l'altra banda del carrer, i vaig veure-hi els ocells de sempre, entrant i sortint dels nius penjats als arbres, espicossant les engrunes que trobaven a terra, i cantant a cor què vols en aquell matí esplèndid de diumenge primaveral.

No hi entenia ben res, jo. I em vaig arribar a pensar si no devia estar somiant.

Perquè ara ja no era només el pare qui feia coses que no tenien ni cap ni peus. Hi havia el doctor, la majordoma, la mateixa Norallum, el meu professor de socials, en Gris. I la Violeta! Perquè també hi ficava cullerada, ella. I no pas poca.

—A casa meva, senyor policia —deia, amb una increïble sang freda—, dormim a fora el pati, en una tenda de campanya. Perquè ja no ens refiem que no ens hi caigui una bomba, també.

—És clar, nena, és clar, una bomba —deia el policia mentre, amb el cap, feia un senyal als seus companys, com volent dir: «Fugim d'aquí, nois, que aquests estan com un llum».

Però la veritat és que ningú no es decidia a fer res. I cada cop hi havia més curiosos que ens envoltaven. Molts eren veïns del barri que volien saber què passava.

—És per tot allò de les bombes —explicava la Norallum al carnisser, que, aquell matí, anava mudat com sant Ferriol i duia la dona del bracet—. Per les bombes i també pels mobles, que se'ns els han endut.

—Ah, sí, els mobles d'en Pastor —va dir el carnisser, després d'uns instants—. I ja han trobat els lladres?

Perquè, el dia abans, com que l'home se'n va haver d'anar cap a la botiga abans que acabés tot allò dels encarregats de la mudança perquè ja hi havia qui li havia pispat un parell de fuets de la carnisseria, no es va assabentar del final de la història. I s'havia quedat amb la idea que eren uns lladres.

—No eren lladres, home —li deia la Norallum—. És la guerra.

—Quina guerra? —preguntava el carnisser amb els ulls ben oberts.

Però la seva dona el va estirar fort del braç i se'l va endur carrer avall.

Aleshores va arribar la mare de la Violeta.

—Filleta meva, ets aquí! —va xisclar, abraçant i petonejant la Violeta com si fes tres mesos que no la veiés—. Que t'han fet res, aquests policies? Que has pres mal, potser?

Em sembla que la Violeta es volia fondre, amb l'espectacle que li va muntar la seva mare davant de tothom, sobretot d'en Gris, que no es podia reprimir el riure.

—M'han dit que hi ha guerra —somicava la dona—, una guerra aquí, al nostre barri. Ai, senyor! On anirem a parar?

—I vostè, qui és? —li va demanar un dels policies.

—La mare d'aquesta pobra criatureta.

—La que dorm al pati en una tenda de campanya? —va voler saber l'agent.

—Quina tenda de campanya? Quin pati? —preguntava la mare de la Violeta, ben astorada—. De què parlen, filleta, aquests homes?

—De la guerra, mare —va contestar la Violeta, seguint el joc.

Perquè, de fet, ja feia estona que m'anava convencent que tot plegat no era res més que un joc. Un joc molt estrany, d'acord, però un joc al cap i a la fi. Que no hi havia cap guerra damunt dels nostres caps, era més clar que l'aigua. Però que aquella gent es creia que sí, que n'hi havia, també estava fora de dubte. O que s'ho creia o que feia veure que s'ho creia. Per alguna raó que no comprenia, intentaven imitar allò que havia vist a la tele feia uns quants dies, la vida d'aquelles persones que, de cop i volta, s'havien quedat sense absolutament res i que caminaven i caminaven, sense saber què els esperava, per les vies del tren o travessant valls i muntanyes. Si era això, encara ho entenia menys, perquè alguna cosa dins del meu cervell em deia que no calia jugar a fer la guerra per entendre-la, que no havíem pas de fer veure que ens havíem quedat sense mobles i sense rentadora i, molt menys, quedar-nos-hi de debò, ni menjar arròs bullit a totes hores, ni fer-nos despatxar de la feina, com havia fet el pare... Alguna cosa em deia que tot plegat era massa seriós com per transformar-ho en un joc. Però, d'altra banda, allà hi havia persones assenyades, com l'Edmond o el doctor, que no ho semblava pas, que juguessin. No sabia de quina manera el pare els havia entabanat perquè el secundessin, però ja ho esbrinaria.

I quan ja em pensava que no podia passar res més extravagant ni més sorprenent, va aparèixer la meva mare per un extrem del carrer.

—El dinar és a taula! —va cridar.

I, en un tres i no res, l'Edmond, el doctor i la majordoma, la Norallum, en Gris, el pare, la

mare i jo érem asseguts al voltant de l'única taula que quedava a casa, menjant un plat d'arròs bullit.

La Violeta se n'havia anat protestant cap a casa seva, mentre la seva mare l'agafava ben fort d'un braç.

—Jo també vull anar a casa de l'Orient a dinar —havia rondinat la Violeta.

—I un be negre! —li havia dit la seva mare, molt picada, un cop es va adonar que no hi havia cap guerra que estronqués la tranquil·litat del nostre barri—, que a la tenda de campanya aquesta que dius que hi ha al pati, hi he fet un estofat de patates amb pela que te'n lleparàs els dits.

Era mentida, és clar.

—Mira que fer creure a aquests senyors policies que dormim en una tenda de campanya! —havia botzinat la dona, que no hi entenia res de res—. Ja t'ho deia, jo, que el pare del teu amic s'havia begut l'enteniment! Com hi ha món! I jo, ahir, vinga fer el pallús, pensant que aquells homes li volien algun mal a la pobra Àfrica! Em vaig ben retratar, sí. I resulta que tot plegat no era res més que una altra bajanada d'aquest sonat d'en Pastor! Violeta, filla, ja et buscaré uns altres amics, jo, no pateixis, que, amb aquests, encara acabaràs malament. On ho han vist, que hi ha guerra? Que ha sortit a la tele, potser? Tu has sentit, Violeta, que algú ens avisés que tenim guerra? Perquè jo, no. Les guerres sempre són a l'altra punta de món, que no ho saben? Valga'm Déu! Guerra, aquí! Quin disbarat! Ah! I també et trauré de l'escola, sí. No vull que, a la meva filla, li faci classe un altre sonat que també es pensa que fer la guerra és tan fàcil. I del casal dels dissabtes, també en parlarem. Ja m'ho pensava, jo, que això de comptar les fulles seques de terra era una ximpleria de les més grosses que s'han vist mai. I curar les ales dels ocells! Reina santa! Els ocells! Amb totes les malalties que diuen que ens poden encomanar, i tu vinga tocar-los i posar-los mercromina a les ales! Tothom s'ha tornat ben boig, ja t'ho dic jo, nena, ben boig. Vinga, passa cap a casa.

Vaig veure ben clar que la Violeta no volia pas venir a casa a menjar arròs bullit. El que volia era estar amb en Gris. Segur.

Però això també és una altra història.

Episodi 8
Parc Juràssic

Durant el dinar, ningú no va parar de parlar. Estaven tan animats que semblava que els acabava de tocar la grossa.

—Anem bé! Anem bé! —feia l'Edmond, a qui mai no havia vist fora de la classe de socials, i no m'acabava de creure que estigués menjant arròs bullit un diumenge al migdia al menjador de casa meva.

—És un primer pas, només un primer pas, però estem en el bon camí —afegia el doctor Llop.

No cal dir que tenir el doctor Llop dinant a casa, amb la seva majordoma al costat, era també un punt increïble.

—Aviat hauríem de passar a l'apartat tercer de l'estratègia —va puntualitzar en Gris en un moment en què semblava que la conversa minvava.

La mare era l'única que no deia res. Menjava sense apartar els ulls del plat, com si el seu pensament estigués molt lluny d'allà. El pare es va aixecar de taula per anar a buscar les postres. En tornar, duia una safata de pomes al forn amb una mena de salsa blanca per sobre.

—Què és això? —va preguntar la mare, mentre assenyalava aquella cosa blanca que cobria les pomes.

—Iogurt —va contestar el pare—. És l'últim. Ens l'havíem de menjar perquè caduca avui i, aquest matí, s'han endut la nevera. Ahir no els cabia, al camió.

Jo al·lucinava.

Tota aquella gent parlava com si en realitat estiguéssim en guerra. Feia supòsits, s'organitzava, preparava estratègies. I era gent gran! Vull dir que no era cap activitat d'un esplai ni d'unes colònies. Eren persones adultes que jugaven a fer la guerra! Bé, no és que la fessin ells. Més aviat, la patien. O jugaven a patir-la. Però, per què?

Del pare, que ja me'l coneixia, en podia esperar qualsevol cosa. De la Norallum, amb la fama que tenia, potser també. I d'en Gris, vés a saber! Però del doctor Llop, de la seva majordoma i, sobretot, del meu professor de socials, no! Mai de la vida!

La mare se'n va anar cap a la cuina a rentar els plats de l'arròs perquè, com que en teníem tan pocs, de plats, havíem de fer servir els mateixos per menjar les pomes. Vaig aprofitar aquest moment per anar-me'n a la cuina a parlar-hi. Vaig entrar darrere seu i vaig tancar la porta.

—Mare, què passa?

—Jo rentaré i tu esbandiràs —em va dir, com si sentís ploure.

—La guerra, mare.

—Els rentaré amb aigua, només, perquè em queda molt poc sabó.

—Mare!

—Què!

—Em vols explicar què passa, d'una vegada?

Es veia d'una hora lluny que la mare no estava gens d'acord en tot allò. Però com que és com és, vull dir que, si no hi està d'acord, no ho diu, deixava fer. De totes maneres, patia. Perquè li veia aquelles arruguetes que se li fan al front quan pateix. I en tenia força!

—Orient, fill, tot està molt ben calculat —va començar a dir, mentre fregava un plat amb molta fúria—. Tu no pateixis, que ja sé on anar a buscar menjar quan se'ns buidi el rebost.

—Mare, el menjar no m'amoïna. Estic segur que ni tu ni el pare no ens deixareu pas morir de gana.

—Doncs així, tot va bé. Vinga, esbandeix.

—Què vols que esbandeixi si no fas servir sabó?

Es va quedar tan desconcertada que, per uns moments, em va saber greu i tot.

—On és l'Àfrica? —vaig preguntar de cop i volta.

—Ha marxat de casa —em va contestar la mare amb una veu una mica trista.

—Per què? I on ha anat?

—És a casa d'una amiga seva perquè diu que la setmana que ve ella se'n va de colònies tant si té la fotocòpia de la cartilla com si no. Que tots plegats estem ben sonats i que no en vol saber res. Que on s'ha vist quedar-se sense rentadora, sense llit i sense patates fregides els dissabtes… Que la Norallum, a casa, no hi fa ben res. I que la guerra aquesta que diu el pare és tan de mentida com les bruixes que volen dalt d'una escombra.

La mare va dir tot això gairebé sense respirar va començar a tossir. Tant que de poc trenca un plat que estava eixugant.

—Doncs a mi em sembla que l'Àfrica té tota la raó del món —vaig començar a dir amb una veueta d'ai senyor, perquè tenia por de la reacció de la mare i perquè no entenia res.

Aleshores la mare va deixar els plats i l'eixugamans, em va agafar fort per les espatlles, em va mirar cara a cara i em va dir:

—Fill, el pare té un pla i l'hem d'ajudar.

—No m'agrada que s'inventi mentides —vaig replicar—. No m'agrada jugar a la guerra. No m'agrada que el prenguin per boig. No m'agrada dormir a terra. No m'agrada estar sense nevera. No m'agrada que hagi perdut la feina. No m'agrada res de tot això, mare. I em sembla que jo també me n'aniré de casa. Li preguntaré a la Violeta si puc quedar-me amb ella i la seva mare fins que aquesta bogeria s'acabi.

La mare, molt suaument, em va explicar que el pare sempre havia estat així. Que veia coses al món que no li agradaven gens i que sempre havia rumiat fer-ne alguna de sonada perquè la gent reflexionés una mica. I que, ves per on, s'havia trobat per casualitat un grup de persones que, més o menys, pensaven com ell.

La Norallum, en tots aquests anys que havia estat fora del barri i de la ciutat, no se n'havia pas anat a passar-se-la la mar de bé, com es pensava la gent, sinó que havia militat en un grup molt actiu que estava en contra de la pesca de les balenes. Fins i tot es veu que havia rebut un tret en una escaramussa amb les forces de l'ordre. El doctor Llop i la seva majordoma, de joves, havien ajudat a construir un hospital en algun lloc d'Àfrica i, ara, sempre que podien, hi anaven a fer-los una visita i a portar-los material.

—I els ocellets? —vaig preguntar.

—Quins ocellets? —va fer la mare, tota estranyada.

—A mi em semblava que el metge i la majordoma només es preocupaven dels ocells que tenen al jardí.

—Ah, doncs això sí que no ho sé. Els deu agradar com canten.

De l'Edmond, jo ja en sabia allò del blat de moro. I d'en Gris, en sabia el que m'havia explicat la Violeta.

—Feia temps —continuava la mare— que es reunien i rumiaven què podien fer. El pare estava eufòric, amb aquests pingüins del 44, que és com s'anomenen, no sé pas ben bé per què. Per fi havia trobat algú que pensava com ell.

—N'hi ha molts al món, que pensen com ell —vaig rumiar en veu alta.

—Però només pensen, fill, només pensen. I ell, el que volia, era poder-hi fer alguna cosa. No volia parar-se a pensar i prou, que no ho entens?

—No gaire, la veritat.

Perquè, si tot plegat es reduïa a esbombar que hi havia guerra, quan no era veritat, a quedar-se sense mobles i a menjar arròs bullit a totes hores, l'esforç no pagava la pena. I no crec que ajudessin gaire a reflexionar sobre la guerra, les coses com siguin.

—Ara passaran al tercer nivell —em va explicar la mare.

No volia ni imaginar-me què devia ser aquell tercer nivell que deia la mare! Si fins ara ja havien muntat tot allò, què ens esperava a partir d'aquell moment?

—Volen que tota la ciutat en sigui conscient —va afegir la mare.

—I els documents? —vaig preguntar, recordant-me de sobte de la cartilla—. És necessari que ens en quedem sense?

—Hi ha molta gent al món que no té cap mena de papers. I, a molts que en tenien, els els han pres. La colla del teu pare també vol que la gent sàpiga què vol dir això.

Vaig pensar en la mirada, resoluda i abrandada, una mica fora del món, del científic del *Parc Juràssic*, quan ensenya totes les meravelles de creació pròpia que ha dissenyat per ser contemplades des d'uns cotxes sense conductor.

El pare i la seva colla potser tenien idees bones, potser sí. Però em feien més por que una pedregada, que hauria dit l'àvia Almira. Perquè no n'hi ha pas prou, que les idees siguin bones. Necessiten algú que les sàpiga guiar. I aquella gent semblava ben bé que haguessin perdut el nord.

—Orient!

—Què, mare?

—Ajuda'm a servir les pomes.

—Sí.

I, mentre posava cullerades de pomes amb iogurt quasi caducat al plat d'aquella gent, vaig decidir que trucaria a la Violeta i que, si m'hi volia, em traslladaria a viure a casa seva fins que el pare i la mare, i tots els altres, trobessin un bon conductor per al tren que havien agafat i per al qual jo no havia comprat pas cap bitllet, com l'Àfrica.

Episodi 9
Braveheart

Aquell mateix diumenge, a la nit, quan els convidats ja eren fora, el pare ens va dir, a la mare, a la Norallum i a mi, que féssim les maletes.

—No marxarem pas, encara —va dir—, però més val estar preparats.

—On anirem? —vaig preguntar.

—A les muntanyes.

A la nit, no vaig poder dormir en tota l'estona. No feia altra cosa que pensar en guerres. En guerres de mentida i en aquella que m'havia fet mirar el pare, unes quantes setmanes abans.

Per una escletxa de la porta, veia la mare, que, amb la llum d'una espelma, anava amunt i avall de la casa preparant maletes i paquets. No m'ho podia creure. No em podia creure res del que estava passant. Però el cert era que, segons el pare, tot allò estava passant de debò no gaire lluny del nostre país, a molts llocs del món, i que érem uns privilegiats i que havíem de saber què se sentia quan es vivia.

Si només fos el pare, pensava, no seria tan gros. Perquè el pare, de coses així, ja n'havia fet abans. Un dia, quan jo encara no havia nascut, es veu que es va encadenar a una torre d'alta tensió. I una altra vegada, quan jo era petit, es va tornar a encadenar. Però aquesta vegada a un plàtan centenari que l'Ajuntament volia tallar per fer un aparcament. La torre d'alta tensió encara hi és. Però el plàtan també. I l'home se'n sent molt orgullós. S'hi va passar quatre dies i cinc nits. I només es deslligava per anar al lavabo. La gent del barri li duia menjar i aigua, i va sortir al diari i a la televisió. També va escriure un llibre sobre aquella experiència. Però de moment ningú no l'hi ha publicat.

Si només fos el pare, doncs, rai! Però també hi havia l'Edmond i els altres. I, segons que havien dit a l'hora de dinar, un grapat més de gent de tota la ciutat, que només esperava el tret de sortida.

Havia intentat esbrinar de quina sortida parlaven, però no n'havia tret l'aigua clara. En duien de cap alguna de molt sonada, però semblava que parlaven en codi i no vaig entendre res.

De totes maneres, tenia ben decidit que me n'anava a viure a casa la Violeta. A mi, la guerra només m'estava bé a les pel·lícules i encara gràcies. Però no volia jugar a fer-la, ni que fos per denunciar-la. No, no i no.

I l'endemà, quan ho vaig explicar a la Violeta, de poc em venta un clatellot.

—Jugar a la guerra, dius? —em va esbroncar de bon matí, en veure'm arribar a casa seva amb la motxilla d'anar de colònies—. Orient, no entens res de res de res de res. No hi juguen pas, a la guerra, que no ho veus?

La seva mare, amb un barnús de color fúcsia i els cabells que semblaven un niu de cigonyes, em mirava amb ull crític sense decidir-se a acabar de fer-me passar.

—Jo volia buscar-li uns altres amics, a la Violeta... —rumiava en veu alta—. Però la veritat és que em fas molta pena, noi.

I, a la fi, em va deixar entrar.

Em va donar xocolata calenta i galetes per esmorzar. I, després de cinc àpats seguits d'arròs bullit, aquella xocolata i aquelles galetes em van semblar divines.

—No hi ha pas guerra, oi, al nostre barri? —em preguntava la dona amb els ulls oberts.

—No, només ho fan veure.

—Ah! Ja em semblava a mi... I per què ho fan?

—Perquè la gent hi pensi.

—Però si ja hi pensem! —va exclamar—. Ahir mateix vaig anar a la parròquia a portar-hi quatre paquets de bolquers d'aquells tan grossos i tres pots de llenties. Diuen que és per als refugiats d'aquella guerra que va sortir a la tele. I jo m'ho crec.

—El meu pare diu que no n'hi ha prou.

—I què hem de fer, doncs?

La veritat és que jo encara no ho tenia gaire clar. De bones intencions, ja n'hi veia, ja. Però dubtava que fossin gaire pràctiques. Per si de cas, mentre no ho veiés clar, i per por que els esdeveniments anessin a més, m'instal·laria a casa la Violeta i faria àpats com Déu mana.

Potser tenia una petita nosa al cervell, una nosa que intentava dir-me que allò no estava bé, que havia de fer costat al pare perquè, al capdavall, la idea era prou bona. Però ja he dit que aquesta nosa era molt petita. Tan petita que, si volia, la podia esborrar i tot.

Però resulta que, al mateix moment que jo devorava aquell esplèndid esmorzar i parlava amb la mare de la Violeta, la Violeta agafava quatre coses de la seva habitació i sortia per la porta de darrere de casa seva per anar a demanar aixopluc a casa meva. Quan ho vaig saber, que va ser gairebé de seguida, de poc em ve un atac. I a la seva mare, no en parlem!

—L'Orient a casa meva i la Violeta a casa d'aquests sonats! Si no ho veig, no m'ho crec! Si m'ho expliquen, els faig callar! Però on s'ha vist una ximpleria tan grossa en un lloc tan petit! —cridava la dona, ben enfadada, quan travessava el carrer per entrar a casa meva a esbroncar el pare, la mare, la Violeta i qui se li posés al davant—. El món està ben girat!

Hi va estar una bona estona, però, quan en va sortir, en comptes de dur la Violeta a empentes cap a casa i de dir-me que fes el favor de tornar cap a la meva, se'n va anar de dret a trucar a una casa de mudances perquè li vinguessin a buscar els mobles. De totes maneres, encara remugava que el món estava ben girat. Però afegia que, si s'havia de fer, es faria. Que no sabia pas què se'n trauria, però que es faria. I que, si s'havia de muntar una tenda al jardí, també es muntaria.

—Ni que sigui per donar una lliçó a aquell municipal tan maleducat que dissabte, una mica més, i em deté la nena! —va concloure.

Però no les havíem pas de muntar encara, les tendes.

Aquell matí, ni jo ni la Violeta no vam anar a l'escola. I això que era un dilluns normal i corrent! Bé, no és cert del tot, que no hi anéssim. Hi vam anar, però sense els llibres ni les llibretes ni res.

A les nou del matí, el pare, la mare, la mare de la Violeta, en Gris, l'Edmond, el doctor Llop, l'Escala, la Norallum, la Violeta, jo i un grapat més de persones que encara no coneixia, érem davant de l'escola repartint uns pamflets on s'incitava a suspendre les classes d'aquell dia i a fer una jornada de reflexió sobre la guerra al món i el consumisme.

Després de l'escola, ens en vam anar al super mercat on havia treballat el pare. Després, a Correus i als Jutjats. Després, a la seu d'un diari, on ens van fer fotos i preguntes, moltes preguntes.

De cada lloc on ens aturàvem, en trèiem unes quantes persones que se'ns ajuntaven després de llegir els pamflets i d'escoltar l'Edmond, que, amb un megàfon, explicava la nostra acció. Ho deixaven tot i ens seguien. Era molt bonic.

Finalment, quan ja érem un grup força nombrós, ens en vam anar a l'Ajuntament, on vam demanar si podíem veure l'alcalde. Però dos municipals que eren a la porta ens van fer fora de males maneres.

—Que han demanat audiència, potser? —ens van preguntar.

—D'allà on venim, no n'hi ha, d'audiències —va contestar l'Escala, la majordoma del doctor Llop.

—Doncs, miri, aquí sí —li van contestar.

—Haurem de passar al quart nivell —vaig sentir que deia l'Edmond al pare.

—Sí, sí, passem al quart nivell, ja! —cridava en Gris, aixecant el puny enlaire.

I jo, que encara no tenia gaire clar res del que estàvem fent, em vaig posar a tremolar com una fulla. Quin devia ser, aquell quart nivell del qual parlaven tan apassionadament?

Però la Violeta era allà, amb mi, creient fermament en aquella acció, fent-me costat. I això em donava tota la força del món. «Com aquells homes i dones tan i tan valents de *Braveheart*», vaig pensar, «que no s'acovardien per res, fos el que fos».

I, després de pensar en aquelles imatges i en aquells guerrers pintats de blau que lluitaven tan convençuts, jo també em vaig sentir més valent i més convençut del que fèiem. Vaig agafar la mà de la Violeta i vaig cridar ben fort:

—Vinga, passem al quart nivell, ja!

I tothom em va mirar.

Episodi 10
The end

Segons es veu, per passar al quart nivell havíem d'esperar que fos de nit, tal com vaig sentir que comentaven algunes persones al meu costat. I, mentrestant, ens en vam anar tots al parc dels afores, allà on la Violeta compta fulles mortes els dissabtes a la tarda.

Malgrat l'esforç de tota la jornada, no érem pas més de cinquanta persones. Però hi havia de tot: homes i dones, vells i joves, criatures de totes mides, rics i pobres, treballadors i aturats. Molts explicaven que ja havien contractat un camió de mudances perquè els buidessin el pis. Al mig del parc, en Gris va fer una foguera i tothom hi va cremar la documentació.

—Vols dir que és legal, això de cremar els papers? —vaig preguntar a la Violeta.

—No ho sé.

De fet, tot i l'estirabot de feia una estona, allò de cridar a favor del quart nivell –que no tenia ni idea de què es tractava–, encara patia per moltes coses que no acabava de veure clares. I una d'aquestes coses eren els mobles, no em fa pas cap vergonya confessar-ho. On havia anat a parar el meu llit? I el sofà de la saleta? I la rentadora? On eren les pertinences de tota aquella gent, que, sense pensar-s'ho gens ni mica, havien cridat un camió de mudances perquè se les emportessin?

Ho vaig comentar a la Violeta i gairebé s'enfada amb mi.

—Trobes que està bé, amoïnar-te pel teu llit en uns moments així? —em va esbroncar.

—A tu, no se te'ls han endut, els mobles, ja? —li vaig preguntar una mica picat.

—No ho sé.

—Doncs mira que bé!

Però no em volia pas enfadar amb la Violeta i li vaig anar a buscar un got d'aigua a la font del parc. També vaig arreplegar un parell d'entrepans de formatge i pernil dolç que els amos d'un restaurant de per allà a la vora ens van fer arribar a l'hora de dinar.

A mitja tarda, uns nois joves van venir a cantar cançons amb guitarres i, després, es van quedar amb nosaltres. També vaig veure periodistes que parlaven amb el pare, amb l'Edmond i amb en Gris.

Molt discretament, petits grupets de policies es passejaven pel parc, mirant-nos. Però cap policia no se'ns va acostar.

Quan ja era gairebé fosc i començaven a aparèixer estels enmig del blau marí del cel, vaig veure l'Àfrica. Venia amb un grup de nois i noies del seu institut.

—Quan he llegit el pamflet, ho he entès tot —em va dir—. I, a l'institut, hem fet una assemblea i hem decidit que farem costat al pare i als altres. Però, un altre dia, m'ho podria haver explicat millor. M'hauria estalviat el ridícul tan bèstia que vaig fer dissabte amb els encarregats de les mudances. Per cert, tu saps on són els mobles de casa, Orient?

—I tu creus que és el moment de preocupar-se pels mobles, ara?

—No, potser no —em va contestar en veu baixa.

I se'n va anar a cantar cançons amb els nois de les guitarres.

Quan es va fer de nit, va començar a refrescar. Les persones que duien criatures petites van anar marxant. I algun avi molt gran, també.

El pare va agafar el megàfon i va convidar tothom a anar cap a casa a recollir les maletes i a tornar al parc de seguida.

—I abrigueu-vos —va afegir.

Es preparava l'inici del quart nivell, n'estava segur.

A mitjanit, tornàvem a ser tots al parc, amb les maletes i amb espelmes.

—De debò que anem a les muntanyes? —vaig preguntar a la mare, que duia una bufanda que havia estat de l'àvia Almira.

—Metafòricament, sí —em va contestar.

I no hi vam pas anar, a les muntanyes, perquè són força lluny. I, encara que el pare és com és, també té seny. Però estic convençut que, en les mateixes circumstàncies i uns quants anys enrere, hi hauria anat.

Enmig d'un silenci impressionant, ens vam passejar tota la nit pels carrers de la ciutat, acompanyats de la llum tremolosa de les espelmes, amb les maletes a coll. Vaig agafar la mà de la Violeta, ben fort. I ella em va somriure un moment.

D'algunes finestres i balcons, sortia gent a mirar-nos. Alguns, fins i tot, van baixar i es van afegir a aquella mena de manifestació silenciosa i emotiva que volia recordar-se de tots els que, en aquells instants, patien el mateix en algun racó del món, el mateix però de debò. Jo no havia viscut mai res semblant.

—I se'n traurà res, de tot això? —vaig gosar preguntar a la Violeta, molt fluixet, just al moment que passàvem per davant de can Mare.

—Jo ja n'estic traient alguna cosa —em va replicar.

Quan clarejava, vam tornar al parc.

El pare, molt emocionat, s'acomiadava de tothom. La mare també estava emocionada i s'eixugava els ulls amb la punta de la bufanda de l'àvia Almira. L'Àfrica es queixava que li feien mal els peus i el doctor Llop li recomanava que els fiqués en aigua i sal així que arribés a casa.

—I l'aigua, si pot ser, calenta —afegia.

—Això, si no ens l'han tallada —rumiava la meva germana.

No ens l'havien tallada, no. Però, dels mobles, cap senyal.

Quan em vaig estirar al meu matalàs, em va venir a la memòria la cara d'aquella nena del camp de refugiats que tenia un trau al front i la infermera que l'hi curava. I, per uns moments, m'hi vaig sentir molt a prop.

L'endemà, vaig dormir fins al migdia. I això que era dia feiner i havia d'anar a l'escola! Però el pare m'havia deixat dormir.

Quan em vaig llevar, la mare preparava el dinar, el pare no hi era i l'Àfrica encara dormia. La Norallum regava el roser blanc de la tanca. De la cuina sortia una flaire molt agradable de sofregit i vaig pensar que potser s'havia acabat la dieta d'arròs bullit.

Vaig anar a mirar si la Violeta també era a casa o se n'havia anat a l'escola. La seva mare em va fer passar i em va dir que m'esperés un moment, que l'anava a despertar.

—Que bonic, allò d'ahir, oi? —em va preguntar abans de desaparèixer per la porta de la saleta—. Però aquells entrepans que ens van donar eren una mica secs.

En aquella casa no hi faltava cap moble. Potser els de les mudances no havien donat l'abast.

Abans de dinar, la Violeta i jo vam anar a passejar. Jo tenia ganes de seure una estona a la barraca de nàufrags però, en acostar-nos a can Mare, vam tenir una sorpresa d'aquelles que fan història.

Un exèrcit d'operaris feinejava com formigues per tota la casa, tant per dins com per fora. Hi havia paletes, pintors, jardiners, fusters, lampistes, què sé jo! I, a can Pare, igual!

Ens vam acostar a un home que semblava l'encarregat.

—Què hi fan? —vaig preguntar amb una mica d'angúnia—. Que les tiren a terra, potser?

—Tirar-les a terra? No, i ara! —em va contestar aquell home amb un somriure d'orella a orella, però sense aclarir-nos res.

I no va ser fins al dinar, davant d'un plat de macarrons gratinats, que me'n vaig assabentar.

El pare em va explicar que tant la Norallum com el doctor Llop havien cedit les seves cases per a causes humanitàries. A can Mare, s'hi establiria una associació d'aturats que es dedicaria a restaurar i reciclar mobles vells i donaria feina a persones que ho necessitessin. Can Pare, d'altra banda, seria la seu d'una colla d'organitzacions dedicades a accions de solidaritat i cooperació. Els jardins de les dues cases es destinarien a ferhi una residència per acollir animals abandonats. El doctor Llop i l'Escala continuarien vivint a can Pare, en una ala petita de la casa que es reservaven per a ells. La Norallum, en canvi, s'instal·laria definitivament a casa nostra. L'Ajuntament havia manifestat que es faria càrrec de totes les despeses de les obres, però el pare ja em va avisar que tot això no es faria pas d'un dia per l'altre.

—M'han dit que s'ha de mirar de quina partida ho treuen, s'ha d'aprovar en un ple, s'han de buscar una pila de signatures —rondinava—. Ai, la burocràcia! Si em deixessin a mi...

De totes maneres, d'algun lloc van treure els diners per començar, de moment, el refugi d'animals abandonats. Perquè, al cap d'uns quants dies, els paletes ja alçaven petites naus al jardí de la Norallum per acollir-hi els animals. I, molt sorpresos, la Violeta i jo vam adonar-nos que, la barraca de nàufrags, ni la tocaven. La Norallum havia tingut tot un detall amb aquell racó que era com si fos nostre.

El pare no va tornar al supermercat mai més, ni a comprar-hi. Deia que es marejava només d'entrar-hi. El pare, en algunes coses, sempre ha exagerat una mica. Ara busca feina. I, mentrestant, ajuda els aturats de can Mare a restaurar mobles.

De tant en tant, en compra algun per casa. Però jo encara dormo a terra, damunt del matalàs. L'altra gent, no sé pas què en va fer, dels seus mobles i dels seus electrodomèstics. Però els nostres, ja us asseguro jo que van desaparèixer del tot.

Encara que, l'endemà mateix de la manifestació nocturna pels carrers de la ciutat, va tornar la rentadora.

—Pastor —havia sentit que deia la mare al pare poc abans del retorn de l'electrodomèstic—, tot això està molt bé, però o torna la rentadora en aquesta casa o una servidora se'n va a buscar en Harrison Ford a la Costa de Los Mosquitos ara mateix. Posats a triar...

I va tornar la rentadora. I, l'endemà, la nevera.

L'Àfrica se'n va anar de colònies. Sense cartilla, això sí. Però hi va anar. De totes maneres, em sembla que la mare, li va apuntar en un paper el número de la seguretat social, per si de cas. I és que vam haver de fer tots els documents de nou.

La Violeta continua anant al casal dels dissabtes a la tarda i encara no m'hi vol. Però em penso que durarà poc. Perquè, tant si li agrada com si no, també tinc dret a ser un pingüí del 44 i a col·laborar en alguna causa justa.

I per acabar, només us vull dir que jo, cada vegada que veig una via de tren, penso en aquell vespre d'abril, mirant la tele, i encara se m'encongeix el cor.

Índex

AQUEST LLIBRE S'HA ACABAT D'IMPRIMIR EL MES DE MARÇ DEL 2003 ALS TALLERS GRÀFICS DE FERNÁNDEZ CIUDAD, S. L. (MADRID).